LA

BOURGEOISIE DE 48

PERPÉTUANT LES ERREURS

DE LA

NOBLESSE DE 89.

Bourgeois, reconnaissez les Droits légitimes du Travail du Prolétaire, et ne commettez pas les fautes de vos prédécesseurs.

NEUVIÈME TIRAGE.

PRIX : 15 CENTIMES.

PARIS,

BOULEVART DES FILLES-DU-CALVAIRE, 5 BIS,

Et chez tous les Libraires de France et de l'Etranger.

1849.

LA

BOURGEOISIE DE 48

PERPÉTUANT LES ERREURS

DE LA

NOBLESSE DE 89.

Bourgeois, reconnaissez les Droits légitimes du Travail du Prolétaire, et ne commettez pas les fautes de vos prédécesseurs.

PARIS,

A LA LIBRAIRIE DE LEFRANÇOIS,

BOULEVART DES FILLES-DU-CALVAIRE, 5 BIS,

Et chez tous les Libraires de France et de l'Etranger.

1849.

PARIS.—IMPRIMERIE ET LITHOGRAPHIE DE A. APPERT,
Passage du Caire, 54.

AUX TRAVAILLEURS

DES VILLES ET DES CAMPAGNES,

RÉDUITS A LA MISÈRE

PAR LES MONARCHIES DÉCHUES.

CITOYENS,

Ne nous laissons point aller à aucune des appréhensions que nous font éprouver la menace d'une plus impitoyable misère, ni aux espérances que nous feraient concevoir de perfides promesses.

Les carlistes, depuis dix-neuf ans, se coalisent pour entraver toutes nos sources de productions nationales, dans l'espérance de nous imposer leur fausse idole;—à cette heure encore, ils nous disent : Aidez-nous à renverser la République; nous avons de l'or en réserve, plus d'impôts, l'amnistie, le Travail; — mensonge et duplicité!

Jetons un regard sur le passé. En 1815 ils nous firent les mêmes promesses quand ils rentrèrent, après avoir conspiré pendant vingt-cinq ans contre notre émancipation et nos libertés, jeté dans nos rangs la division, acheté des consciences et renversé par la trahison, et avec le secours de deux fois douze cent mille baïonnettes étrangères, le César moderne qui se dévoua si généreusesement pour rétablir la Société, soutenir l'Honneur de la France, et qui fit encore de nous le Premier Peuple du Monde.

Comment ont-ils rempli leurs promesses? A côté de l'amnistie, ils ont élevé une cour prévôtale qui décimait nos familles, qui favorisait les massacres du Midi et les noyades de Lyon; —à côté de la réduction des impôts, ils nous ont contraint, par la force, à leur trouver un milliard qu'ils ont distribué à leurs mendiants les émigrés, et deux milliards pour remercier les étrangers de les avoir protégés dans leur vengeance et notre humiliation. Et toi, Peuple des campagnes, ne te souvient-il plus aussi du ravage de tes champs, de tes chaumières détruites, du viol de tes femmes et de tes filles? — C'étaient les jouissances promises aux sbires de leurs royaux alliés.

Patriotes des villes et des campagnes, repoussons avec horreur les intrigues de tous ces faussaires et de leurs agents!

En 1830, nous avons balayé la boue de cette royauté parjure. — Vive la Liberté! vive Napoléon II! — A ces cris d'un souvenir glorieux pour tous, mais d'alarme pour les *bons alliés*, comme les appelait la plèbe royale, à ces cris, dis-je, les niais politiques qui avaient notre confiance, circonvenus et corrompus par les puissances étrangères, ont escobardé notre victoire; ils ont pris le pouvoir pour eux, ils ont donné satisfaction à ces puissances, ils nous ont endormi; et, neuf jours après, — Vive le roi constitutionnel, vive la meilleure des Républiques, vive le gouvernement à bon marché!—La Dignité de la France était escomptée, et le tour était joué.

Pendant dix-huit années, que cette royauté cadette et sa lignée ont pesé sur la France, n'avons-nous pas eu à supporter toutes les déceptions de l'esclave sans en avoir la sécurité:—le gîte, le pain et le travail quotidien.—Puis la France humiliée, traînée à la remorque de notre plus implacable ennemie, l'Angleterre; le trésor pillé, les Caisses d'épargnes dilapidées; la corruption et le dévergondage dans toute l'administration depuis le ministre jusqu'au garde champêtre; les uns achetés, les autres vendus, le tout avec les bénéfices grapillés sur notre labeur; les dots aux enfants de ce pauvre roi, les douaires aux femmes des pauvres enfants de celui-ci furent pris sur nos épargnes; et on dit que tout cela nous coûte à peu près trois cent millions que nous avions économisés et placés sous la sauvegarde du gouvernement du roi. *Sa-*

chons donc une fois pour toutes qu'un roi n'est qu'un mendiant, et que quand on ne lui donne pas, il prend. Et ces hommes politiques qui ont sanctionné tous ces crimes monarchiques viennent se ruer sur nous pour nous tromper; ils osent encore, dans leur impudeur, aspirer à nous gouverner; ils comptent que nous sommes toujours le peuple oublieux, qui ne songe nullement à se souvenir des méfaits royaux. Et, il se rencontre d'assez grands misérables qui, forts de cette pensée, se font les agents officieux, moyennant salaire, bien entendu, de ces impudiques; ils leur trouvent des vertus, ils les plaignent.... Honte et dégoût pour ceux d'entre eux qui portent le nom français!

Pesons bien dans la balance de la raison toutes ces astucieuses menées; méfions-nous de l'alliance des royalistes sous toutes les couleurs, ils sont soutenus par l'étranger qui ne veut nullement que la France reste en république: *ne sommes-nous pas pour leurs peuples un mauvais exemple.* — Ils voudraient faire de nous ce qu'on a fait de l'ancienne Rome..... Ah ! si nous nous laissions aller au désordre par leurs impostures, plus de Liberté, de Bonheur, de Famille ; plus de France, plus de ce Peuple, la terreur des gouvernants déchus.

Maintenant jetons un regard sur le présent. Qu'ont fait pour nous ceux que nous avons appelés ou qui se sont imposés à l'administration de nos affaires depuis le 24 février 1848? Rien, rien, absolument rien ; si ce n'est qu'ils aient achevé notre désorganisation et celle de toute la France : ils ont complété l'œuvre de louis-philippe et de ses souteneurs, autant par leurs luttes intestines que par leurs intrigues politiques; et ne sachant comment sortir de l'impasse où ils étaient acculés, ils nous ont repoussés, livrés aux intriguants royalistes, et, nouveaux pilates, ils se sont enfin lavés les mains dans notre sang!...... Nous les croirions encore lorsqu'ils viennent distiller dans notre âme le fiel et la calomnie, affectant de compâtir à nos maux ! Nous les croirions quand ils nous invitent au calme et à la patience, et qu'en secret ils désirent une bataille!

Amis! méfions-nous encore de certains hommes qui s'affublent du manteau des socialistes pour se glisser dans nos rangs et nous exaspérer; ce ne sont que des suppôts de l'ex-cour de Rome, nous soutirant chaque jour un peu de notre pain pour s'enrichir, n'ayant jamais une obole en faveur du pauvre, mais déversant dans son cœur la haine et la pensée du crime à pleins bords; ce ne sont, en un mot, que des provocateurs qui tentent une restauration au profit de henri, de joinville ou de la régence; c'est le privilège qu'ils veulent ressusciter, c'est la haine de ces fantômes de monarques pour tout ce qui est peuple qu'ils veulent servir, et dont ils se feraient les bourreaux; car ces déchus ont juré de nous faire payer bien cher l'affront qu'ils ont subi en juillet 1830 et en février 1848. Ce serment, ils l'avaient déjà fait une fois, et ils ont tenu parole; ils la tiendraient également la seconde fois; et, pour arriver à leur but, ils ne reculeront devant aucune lâcheté : le passé ue nous en est-il pas un sûr garant.

Soyons reconnaissants envers ceux qui ont fait quelques efforts pour nous être utile, mais que notre reconnaissance n'aille pas jusqu'à la faiblesse ; méprisons souverainement au contraire ceux qui les ont combattus sans rien prouver ni proposer ; ils étaient des hommes d'une mauvaise foi déjà reconnue, de ceux qui mendient à la porte de tous les pouvoirs, de ceux qui ont brisé notre équilibre financier, de ceux enfin qui ont enlevé au prolétaire sa dernière Heure de Travail, son Dernier Morceau de Pain.

Si nous analysons tous les hommes politiques qui se groupent autour de nous pour nous gouverner, nous trouverons que les uns sont vendus à nos ennemis ; que les autres sont de grands bavards à la voix plus ou moins sonore, plus ou moins criarde, véritables tartufes, n'ayant de conviction que celle que leur commande leurs intérêts et leur secrète ambition. Veillons sur la conduite tortueuse de tous ces sauteurs ; qu'il ne leur soit plus permis de nous tromper, que notre alliance les contraigne désormais à ne plus mentir à leur conscience et à rester fidèles au mandat qu'ils ont sollicité et obtenu de nous, le plus souvent par un langage mensonger, des intrigues et des fraudes électorales.

Dieu nous a donné, comme à nos pères en 89, la lumière, sachons en profiter. Frères! il s'agit encore cette fois de la liberté et de l'honneur.

Loin de nous la division; loin de nous la calomnie et les provocations des réactionnaires dynastiques : maintenons la République et ses Institutions Démocratiques.

La Nation Française, en choisissant, le 10 décembre 1848, de préférence, à tout autre candidat, comme Président de la République, Louis Napoléon Bonaparte, ne le fit, certes, qu'enthousiasmée de ses divers écrits, et notamment de celui intitulé : *Extinction du paupérisme*, où se trouvent, en faveur de la classe laborieuse, les vérités suivantes :

« *Je vous le dis en bon français, notre ennemi c'est notre maître.*

« *Gouverner, ce n'est plus dominer les*

peuples par la violence et la force ; c'est les conduire vers un meilleur avenir.

« *La classe ouvrière ne possède rien, il faut la rendre propriétaire... Elle est comme un peuple d'ilotes au milieu d'un peuple de sybarites, il faut lui donner une place dans la société ; elle est sans droits et sans avenir, il faut lui donner des droits et un avenir.*

« *La justice divine veut que la sueur du pauvre reçoive sa juste rétribution.*

« *Le but de tout gouvernement habile doit être de tendre par des efforts à ce qu'on puisse dire bientôt : le triomphe du christianisme a détruit l'esclavage ; le triomphe de la révolution française a détruit le servage ; le triomphe des idées démocratiques a détruit le paupérisme.*

N'avions-nous pas le droit d'espérer, qu'élevé à la première magistrature de la République, le citoyen Louis Bonaparte, mettrait en pratique les *Institutions populaires* que l'Empereur a tant regretté de n'avoir pu réaliser.

Toutes les questions qui ont été agitées jusqu'à ce jour, touchant la Destruction du Paupérisme, et résumées dans ces trois pensées, le Travail, la Propriété et la Famille, ont été faussées dans leur principe par les philosophes et les économistes de toutes les époques, *et cependant la solution de ce problème est des plus faciles : elle gît tout entière dans la Reconnaissance des Droits Légitimes du Travail du Prolétaire dans la Production.*

Traitons tout d'abord la question du Travail.

La Terre et ses productions diverses en nombre infini, l'Homme et ses facultés diverses aussi en nombre infini, sont les deux seuls et uniques capitaux réels : les produits de ces deux capitaux, quelles que soient leurs formes et leurs transformations successives, ne sont que les résultats de la Terre devant produire et de l'Homme ayant exercé ses facultés.

La Terre en travail de production, c'est l'Homme ayant travaillé par la mise en œuvre de ses facultés. Les productions de la Terre s'accroissent et se développent en raison directe de l'accroissement et du développement des facultés de l'Homme.

Quand la Terre sera partout riante et fertile, ce sera l'Homme plein de quiétude et de force.

La Terre a une valeur vénale parce qu'elle produit; l'Homme doit avoir aussi sa valeur vénale, puisqu'il produit.

La valeur vénale de la Terre a été déterminée en raison directe de la somme et de l'utilité de ses produits; c'est aussi en raison directe de la somme et de l'utilité des produits résultant de l'exercice des facultés de l'Homme qu'il faudra déterminer la valeur vénale de celui-ci.

La Terre, dans son état le moins productif, n'a qu'une très faible valeur; cette valeur augmente en raison directe de l'accroissement de ses produits; — de même, les facultés de l'Homme tendent toujours à s'accroître, et leur exercice à devenir de plus en plus productif; c'est donc d'après cette même règle de la Terre qu'il faudra déterminer la valeur vénale de l'Individu.

Toutes les portions de la Terre ont une valeur différente, qui résulte de la différence de la somme et de la qualité de leurs produits; — tous les hommes ayant des facultés différentes dont l'exercice donne des résultats plus ou moins utiles, ne peuvent prétendre à une égale valeur : ce serait l'injustice, ce serait la tyrannie et l'esclavage sous de nouvelles formes.

La Terre et l'Homme, avons-nous dit, sont les deux seuls et uniques capitaux; en effet, ils sont les seuls êtres qui produisent d'eux-mêmes par le concours de leur essence naturelle que représentent leurs facultés innées.

La transformation successive et indéfinie de leurs produits a donné naissance à l'Industrie, puis aux Arts industriels, enfin, aux Arts libéraux.

On donne à la Terre tous les moyens de revivification nécessaire pour qu'elle produise; il s'agit donc de donner à l'Homme tous les moyens de revivification avant, pendant et après l'exercice de ses facultés, comme il arrive pour la Terre, c'est-à-dire sans interruption ni chômage.

La Terre a son droit dans la nécessité d'être satisfaite dans sa revivification; sa revivification est productive ; — l'Homme doit avoir aussi son droit dans la nécessité d'être revivifié, sa revivification est également productive.

Lorsque Dieu a donné la Terre aux Hommes, afin qu'ils puissent en retirer tous les produits nécessaires à leur bien-être, il n'a certainement point dit à un petit nombre d'entre eux : A vous le privilége d'être satisfait dans tous vos besoins, de connaître et de jouir des produits de cette terre ; — et au plus grand nombre : A vous les privations, l'ignorance et les travaux pénibles. C'est ce premier écart de la raison des siècles passés, érigé en principe et défendu si perfidement par les habiles du jour, qui a engendré, chez tous les peuples, la Misère, cause unique et permanente de toutes nos haines et de toutes nos révolutions.

C'est donc la question de l'Exploitation du Travail de l'Homme qu'il faut agiter ; c'est donc le Droit de l'Homme ayant produit par la mise en œuvre de ses facultés qu'il faut poser, c'est donc enfin les Droits Légitimes de son Travail qu'il faut établir, et non le droit au travail.

93 a affranchi les produits de la terre ;

48 affranchira les produits des facultés de l'homme.

La population de la France est actuellement de trente-cinq millions dix-huit mille habitants, dont sept millions deux cent soixante-quatre mille trois cent quarante-sept jouissent de tout en extrême abondance ; quatre millions trente-sept mille trois cent cinquante-cinq ont une existence agitée et subissent toutes les fluctuations du bien-être à la misère ; et vingt-trois millions sept cent seize mille deux cent quatre-vingt-dix-huit ne trouvent pas toujours le nécessaire dans un travail pénible et laborieux, ou naissent, vivent et meurent dans les langueurs de la faim.

N'y a-t-il pas une sorte de honte d'être heureux à la connaissance de cette statistique toute de vérité, surtout dans ce beau pays de France, dont le sol, mieux cultivé et mieux exploré, pourrait fournir à soixante-dix millions d'habitants, non-seulement le pain, la viande et le vin nécessaires à leur alimentation quotidienne, mais encore les produits indispensables à la satisfaction et à la durée de leur bien-être?

Si, à la naissance des sociétés, on avait reconnu à tous les hommes leur valeur réelle dans la production, il n'y aurait pas aujourd'hui des financiers remplaçant les barons d'autrefois, et des producteurs n'ayant pas même la sécurité de leurs serfs. Ce n'est pas cependant, qu'il ne dut plus y avoir de différence dans les fortunes; — pour nous servir du mot consacré, — ces différences existeront toujours; elles sont mêmes nécessaires; mais, des travailleurs sans quiétude pour leur vieillesse, c'est un crime dont la perpétuation a duré trop longtemps. — Aussi, le mouvement qui ébranle en ce moment l'Europe n'est pas seulement politique, il est tout entier aux intérêts matériels : ce sont des Peuples à qui Dieu s'est révélé, et qui ne veulent plus engraisser de leurs sueurs des pirates royaux et leurs janissaires. Pour guérir la France de la plaie qui la ronge, et qui bientôt l'envahissant presque en totalité, nous ferait rétrograder vers la barbarie, il faut stimuler chez tous les citoyens l'amour des grandes choses par le double appât de la gloire et de l'intérêt.

Les Travaux Publics exécutés comme le veut le Droit et la Justice, et l'Agriculture développée, améliorée comme l'exige nos Besoins Journaliers, suffisent à la solution de ce Problème.

Les temps pressent, le mal est grand : — à l'œuvre donc.

Nous avons en main tout ce qu'il faut pour conjurer l'orage qui gronde chaque jour, et qui plane au-dessus de notre patrie :

La Loi,

Les Travaux,

L'Argent.

La Loi, l'Empereur Napoléon en a jeté les bases.

Les Travaux sont de toute nature ; au nombre de ces travaux sont ceux-ci : les chemins de fer, grandes lignes et autres ;

les routes de première et de deuxième classe; les chemins vicinaux, communaux et champêtres; la régénération des sources et des fontaines; les deux cent mille lieues de ruisseaux négligés, à ramener à leur richesse et à leur fécondité primitives; rendre aux étangs leur vraie destination; restaurer et repeupler nos fleuves et nos rivières; la plantation d'arbres fruitiers sur la lisière des prés, des chemins vicinaux et champêtres; la plantation d'arbres fructueux à droite et à gauche des grandes routes, comme utilité publique; l'assainissement, le dessèchement et la mise en rapport des marais; le reboisement de nos montagnes; les pépinières à établir dans toutes les communes de la République; notre navigation artificielle; nos ports; nos canaux d'irrigation; les plantations nécessaires pour abriter nos campagnes cultivées; l'application des moyens propres à leur donner toute la fécondité dont elles sont susceptibles; et, enfin, la mise en culture de sept millions d'hectares de terrains encore incultes.

L'Argent, fallut-il Dix Milliards, est trouvé et comptant, sans augmenter les charges publiques déjà si pesantes, et sans avoir recours à l'emprunt, que les banquiers du reste ne pourraient point souscrire ; au surplus, le Peuple n'a que faire chez les banquiers des rois ; n'a-t-il pas son compte courant établi au grand livre de la nature ; ses produits ne sont ils pas sa monnaie ; sa tête et ses bras ne sont-ils pas ses banquiers.

L'argent, fallut-il *dix milliards*, avons-nous dit, est trouvé et comptant ; cette assertion qui paraît téméraire, conduit naturellement à poser cette question : est-il possible de se procurer cet énorme capital, et surtout comptant, quand il n'y a que *deux milliards* de numéraire en France ? Nous répondrons *oui*, et nous allons le prouver.

L'argent ne manque jamais quand il s'agit de l'appliquer à des travaux véritablement utiles, car alors ces travaux sont une production qui donne lieu à de nouveaux revenus, et non à une dépense.

Nous insistons sur cette vérité, qui éclaire

et doit résoudre la question qui nous occupe.

Mettons de suite au nombre des vieilles erreurs tout ce qui a été dit sur les effets de l'abondance ou de la rareté du numéraire.

Le numéraire ou les écus, envisagés comme instrument de la circulation, ne sont que des gages intermédiaires d'échange, un signe avec lequel on se procure tout ce dont on a besoin. Peu importe, que ce signe, très commode pour opérer des transactions, soit abondant ou non ; ce qu'il importe, d'avoir en abondance, ce sont les choses signifiées, c'est-à-dire, celles dont on a besoin ; car, elles ne peuvent être remplacées. Que les céréales viennent à manquer, l'or et l'argent en tiendront-ils lieu? — Evidemment non ; — mais que l'or et l'argent manquent, et qu'il y ait des céréales en abondance, croit-on que l'Agriculteur n'échangerait pas ses produits contre ceux que lui offrirait l'Industriel, et dont il ne peut se passer? — Evidemment non, encore. — Mais comme cet échange de produits présenterait des difficultés, limiterait les transactions et arrêterait l'exercice et le développement des facultés de l'homme, on referait ce qui a déjà été fait; on créerait un signe neutre de valeur de convention, pouvant se diviser, se subdiviser, et s'accumuler à l'infini, et qui, comme les écus d'aujourd'hui, rendraient les transactions des plus faciles; d'où je tire cette conséquence, que l'argent n'est qu'un instrument utile, et que, comme tous les instruments qu'emploie l'Industrie, on peut le remplacer quand son insuffisance est bien constatée.— C'est ce qui a lieu déjà, et c'est ce que vous allez facilement comprendre.

En France, nous n'avons que *deux milliards* de numéraire; il y a environ *dix millions de familles*, non compris les célibataires; — réduisant de moitié ce chiffre de *dix millions*, et ne portant qu'à *cinq millions* le nombre des familles qui ont pu se procurer *trois cent soixante-cinq rations de pain, de viande et de vin dans l'année*, elles n'auront point disposé de moins de *deux milliards*, n'ayant eu en leur possession que *quatre cents francs* chacun.

Pendant que ces *deux milliards* se trouvaient ainsi dans les mains des consommateurs, et faisaient circuler les choses consommables, ceux-ci n'en sont pas moins restés producteurs ou commerçants : la terre a été cultivée, les usines ont fonctionné, le commerce a été alimenté, des maisons ont été construites, des chemins de fer ont été ouverts, tous les banquiers et les escompteurs ont fait plus ou moins d'usure, les agioteurs ont spéculé sur tous, la propriété rurale est restée la pâture des rapaces, la banque dite de France a fait pour dix-sept milliards d'opérations, enfin, la somme des transactions de toute nature a représenté un mouvement de caisse au chiffre fabuleux de *cent milliards* au moins, qu'il serait physiquement impossible de n'opérer qu'avec des écus, lors même que la France aurait en sa possession tout l'or et tout l'argent de l'ancien et du nouveau monde. Les écus n'ont donc, en réalité, guère d'autre fonction que de faire circuler les choses consommables; et, dans toutes autres transactions, ils sont remplacés de plusieurs manières et fort avantageusement : tantôt par des billets à ordre, des lettres de change, puis des bons du trésor, des inscriptions de rentes, des actions industrielles, des contrats hypothécaires, des crédits transmissibles par virements de parties pour les banques de dépôts, et pour la banque dite de France par des bons de virements et ses billets remboursables à vue et au porteur, *à condition toutefois que les porteurs ne se présenteront pas en trop grand nombre*; en y regardant de bien près, vous verriez que cette condition est écrite entre les interlignes.

Pour entrer dans le fond de la question par une application spéciale, nous supposons qu'il s'agisse de la confection d'une route. L'emploi d'un certain nombre d'hectares de terre, et des matériaux que l'on trouve sur les lieux, ainsi que la construction de quelques ponts avec des matériaux que l'on trouve également dans la localité, suffisent assurément pour que la route puisse être faite par les propriétaires des terrains qu'elle traverse, et cela, sans qu'il y ait nécessité de mettre en circulation la plus petite somme d'argent, puisqu'on pourra remplacer le salaire des ouvriers par les produits en nature des terres traversées par la nouvelle route. En généralisant cette application, on entrevoit que tous nos Travaux publics peuvent être facilement confectionnés, et notre Agriculture développée et améliorée ; il ne faut pour cela que :

Transformer des revenus en produits donnant de nouveaux revenus ; faire de tous nos propriétaires riverains des travaux, voies de communications ou autres, des capitalistes intéressés dans l'entreprise, et leur faciliter ce rôle, en déclarant la propriété libre et dégagée d'une dette qui la ruine, et en transformant cette dette usuraire en une dette facile à éteindre, sans qu'il y ait spoliation pour le créancier hypothécaire ; admettre en partage dans les productions de ces nouvelles richesses les Travailleurs à

qui on les devrait, depuis l'ingénieur, jusques et y compris le terrassier; enfin, ramener vers la Terre tous les bras inoccupés des villes, en leur ouvrant en échange de leurs sueurs un chemin à la fortune.

Le décret du 16 septembre 1807, rendu par le Corps Législatif conformément à la proposition faite au nom de l'Empereur, a consacré au Titre V, les principes suivants dictés par la raison et l'équité :

« Tous les Travaux publics importants « qui augmentent la valeur d'une Propriété « quelconque, grèvent cette Propriété d'une « partie de la dépense de ces Travaux. Les « Inscriptions hypothécaires ne frappent pas « la plus value des immeubles, améliorée par « suite de Travaux publics, qnand cette « plus-value est affectée à leur dépense. »

Cette Loi s'annonçait comme devant être féconde en résultats immenses, et elle a été stérile. Le législateur n'a établi les moyens d'exécution de cette loi qu'avec timidité, et ce qui est plus fâcheux encore, ces moyens sont hérissés de difficultés. Il voulait favoriser la Propriété, et l'entourer de garanties, et il avait raison, mais ce n'était pas assez; il fallait aussi songer aux Ingénieurs et aux Entrepreneurs de travaux publics; et encore, et surtout, aux *Travailleurs-prolétaires* appelés à les confectionner, sans le concours desquels l'on ne pouvait rien faire. Tous ne venaient-ils pas avec une propriété non moins positive, non moins sacrée: des talents, de l'expérience et des sueurs.

Il est indispensable que le décret du 16 septembre 1807 subisse une révision, ou même qu'il soit refait comme l'a été la loi sur l'expropriation pour cause d'utilité publique, avec laquelle il se trouve maintenant en désaccord. Ce travail n'est pas difficile; le décret n'exige qu'une rédaction nouvelle; le fonds serait conservé, et on consacrerait quelque nouveaux principes, on simplifierait enfin les dispositions réglementaires en les coordonnant avec celles de la loi du 6 mai 1841 sur l'expropriation.

Nous ne croyons pas nous abuser, un travail aussi important dans ses résultats ne doit rencontrer aucun contradicteur, l'intérêt particulier bien entendu, est ici d'accord avec l'intérêt général, et tous les progrès accomplis le commandent impérieusement, si nous ne voulons point que la misère, toujours mauvaise conseillère, ne nous plonge dans un abîme de désolation et de terreur.

Nous venons de dire qu'un travail aussi important dans ses résultats, ne devait rencontrer aucun contradicteur. — En effet, les propriétaires, les villes et les communes, que la nouvelle loi concernerait plus spécialement, pourraient-ils raisonnablement se plaindre de ces dispositions, puisqu'elles leur assurerait une augmentation de fortune qu'ils devraient partager avec les industriels et les *Travailleurs-prolétaires*, à qui ils en seraient redevables. Ce partage n'est-il pas de toute justice, puisque les Ingénieurs, les entrepreneurs et les *Travailleurs-prolétaires* auraient contribué à l'embellissement de leur pays et à l'accroissement de ses richesses ; que sans eux, il n'y eût eu rien de produit, et que bourgeois et Prolétaires seraient bientôt arrivés à un lien commun, *la Misère*

C'est un fait hors de toute discussion, que l'établissement d'une nouvelle voie de communication, soit par terre, soit par eau, augmente considérablement le revenu, et par conséquent la valeur vénale des propriétés foncières qu'elle traverse ; valeur encore augmentée par une plus grande convenance des immeubles et par un accroissement sensible de la population stable et de la population nomade.

C'est ainsi que dans plusieurs localités de la France, qui sont aujourd'hui traversées en tous sens par des chemins de fer, de belles routes et de nombreux canaux, les biens fonds se vendent à un prix si élevé, qu'on ne place de la sorte qu'à deux francs cinquante centimes ou trois pour cent. Antérieurement à l'exécution de ces routes, chemins de fer et canaux, ces mêmes propriétés ne pouvaient être vendues qu'à un chiffre calculé sur quatre francs cinquante centimes ou cinq pour cent de rapport.

Or, on sait, et il n'y a que les usuriers et

les hommes à priviléges qui le nient, on sait, disons-nous, que cette augmentation de valeur, ou, si l'on veut, cette création de nouveaux revenus, peut faire face à toutes les dépenses de confection et d'entretien qu'ils nécessiteraient, et donner encore un bénéfice fort important. Certaines contrées où des travaux furent exécutés il y a peu d'années en ont fourni la preuve, et la preuve sans réplique. — La France, comme on le voit, possède, quand on le voudra, un budget de voies et moyens pour l'exécution de ses travaux publics et la mise en culture complète de son sol, qui n'augmenterait en rien les charges déjà si pesantes des contribuables, et qui permettrait au contraire de les diminuer tout en conservant l'effectif de notre armée de terre et de mer, et en satisfaisant les besoins imprévus du trésor. — Qu'on ne s'abuse pas, les économies indiquées et discutées aujourd'hui, et qui ne peuvent être réalisées que lentement, n'auront point de résultats efficaces, et plusieurs d'entre elles seraient plus qu'une faute.

La science financière nous offre divers

modes, en pratique depuis longtemps déjà, pour réaliser ce nouveau budget, et cela avec plus de facilité et d'empressement de la part des intéressés qu'ils n'en ont jamais montré pour aucun impôt.

Ici, c'est une entreprise dans laquelle tous les propriétaires ou autres engagés rentrent dans leurs avances avec bénéfice, avances qu'ils n'ont effectuées matériellement que lorsqu'ils avaient déjà obtenu des résultats matériels, et où les Travailleurs de tous grades ont reçu une juste rémunération de leurs sueurs, de leur expérience et de leur talent.

Il est positif que l'exécution des travaux publics, et que notre sol, mieux et plus complètement cultivé, donneraient une très grande augmentation de valeur au territoire, et qu'il y aurait lieu à constater cette valeur et avec assez d'exactitude pour ne léser aucun intérêt.

Le décret de 1807, revu et modifié, et la loi du 6 mai 1841, indiqueraient les moyens de constater très exactement le montant de la plus-value.

La loi du 6 mai 1841 a pour base fondamentale le jury comme appréciateur suprême des indemnités dues dans le cas d'expropriation pour cause d'utilité publique. Il s'agirait simplement d'étendre les attributions de cette institution, aujourd'hui si compatible avec nos mœurs, à l'appréciation, en cas de contestation, de la valeur nouvelle qu'aurait acquise une propriété par l'effet des travaux publics importants exécutés à ses abords, tels que la confection d'un pont, d'une voie de communication, chemins de fer ou autres, du dessèchement d'un marais, de l'encaissement d'une rivière, etc.

Pour le peu qu'on y réfléchisse, nous concevons aisément que le manque de capitaux que l'on invoque toujours vis-à-vis le *Prolétaire* quand il est question de lui reconnaître une valeur *d'Homme*, est une insigne duperie. Les capitaux sont aussi bien dans les mains du *Propriétaire obéré* et du *Prolétaire sans pain* que dans celles du plus *colossal capitaliste*; nous ne pouvons trop le répéter, le talent, l'expérience et les sueurs sont, de toutes les propriétés, les plus sacrées ; ce sont celles qui, renaissant sans cesse, se manifestent toujours, qui n'ont point besoin de tout l'or connu et à connaître, et qui feront rendre à merci toutes les autres quand elles y seront amenées par une sotte résistance, comme les seules indispensables et les plus nombreuses. Plus de deux cent milliards de papier affirment aujourd'hui leur puissance, et il n'y a que deux milliards de numéraire.

Tous nos soins se sont portés sur les propriétaires ruraux, sur les industriels et sur les Travailleurs-Prolétaires : il ne pouvait en être autrement, car ils sont toute la force vive de la nation ; mais nous n'avons point pour cela entendu sacrifier les intérêts des capitalistes qui ont l'habitude de l'ordre et des grands mouvements financiers. — La caisse qui serait créée à l'occasion de ce nouveau budget, et que nous dénommerons : *Caisse des Travaux publics et de l'Agriculture*, les satisfera complètement ; elle sera plus spécialement un établissement d'ordre, ne pouvant ni perdre ni gagner, et ayant un service aussi régulier que celui de la Caisse d'amortissement des emprunts de l'État, auxquels celui-ci ne devrait plus désormais avoir recours; ses soins doivent se porter tout entier vers les moyens d'éteindre sa dette, et non de l'augmenter : *malgré le mauvais état de nos finances et le peu de ressources que nous paraissons posséder, cette extinction est très facile et peut avoir lieu en peu d'années.*

Plus on exécutera de travaux utiles, plus on embellira et on enrichira la France, plus elle aura de moyens pour en exécuter de nouveaux, et à côté de la question de la *Destruction du Paupérisme,* qui serait résolue, on verrait surgir d'immenses ressources pour parer à toutes les éventualités d'une situation politique qui nous conduit vers une guerre qu'il sera de notre intérêt de ne pas perpétuer. Ce but sera facile à atteindre si nous avons des canons et des vivres. — Travaillons.

Nous nous sommes fait assez comprendre pour qu'il nous soit inutile d'entrer dans de plus longs détails; et, avant de dire un mot de nos pressentiments sur l'avenir, nous allons faire connaître notre pensée sur les causes de l'inefficacité du décret impérial du 16 septembre 1807. Un point sur lequel nous insistons, c'est que nous faisons reconnaître que dans la création des nouveaux revenus qui vient de nous occuper, les facultés de l'homme sont appelées à tenir la première place et non la propriété ; il aurait dû toujours en être ainsi : la propriété n'est point un fait primitif, n'est pas une cause ; elle n'est qu'un résultat, qu'une conséquence ; c'est le rapport constant entre les deux termes extrêmes de la nature de l'Homme ;—le premier de ces termes est Travail ; le dernier est Famille. — Point de travail, point de produit ; point de produit, point de propriété ; n'y ayant point de travail, conséquemment point de propriété : peut-il y avoir le bonheur pour la famille ? Non, il n'y aurait que désespoir, honte et misère.

Le Travail, la Propriété et la Famille, sont trois pensées qui se vérifient l'une par l'autre ; elles ne peuvent être séparées : l'une quelconque n'existant pas, les deux autres n'ont plus de raison d'être.

Le travail, la propriété et la famille, sont la synthèse et l'analyse complètes de l'homme, ce sont les droits du Citoyen. — Seulement, l'exercice de ces trois manifestations du Citoyen, a besoin d'être réglé, pour qu'il ne soit point une cause d'oppression pour les uns et d'hostilité pour les autres : *la justice alors devient régulateur.*

Revenons au décret de 1807.

Le défaut de ce décret est dans l'oubli de cette vérité : que dans la production en général, les Facultés de l'Homme doivent tenir la première place et non la Propriété, quelle que soit sa nature : — meuble, immeuble ou argent.

La longue expérience que l'on vient de faire de ce décret est décisive, elle prouve qu'on ne peut pas toujours compter sur les propriétaires pour créer de nouveaux moyens de prospérité, soit qu'ils ne comprennent pas que leur intérêt est intimement lié à l'aisance générale, soit encore que leur crainte ou leurs dettes hypothécaires les éloignent de toute spéculation où ils devraient prendre une part active : il est incontestable qu'on ne pourrait ici compter sur leur concours que comme auxiliaires, venant matérialiser une entreprise de laquelle ils désireraient l'exécution, et de laquelle aussi ils retireraient les plus grands avantages.

Il n'en est pas de même des industriels ; les spéculations sont leur vie, ils les calculent, ils les raisonnent, ils savent d'avance à quoi ils s'engagent, et à moins qu'il ne survienne quelque évènement extraordinaire, ils peuvent dire avec précision ce que telle entreprise coûtera, et ce qu'elle rapportera de bénéfices.

Quant aux *Travailleurs-prolétaires*, ils sont le lien entre la conception et l'exécution, ils réalisent, ils donnent un corps à la conception, ils sont le metteur en œuvre par l'habileté, la longue pratique, l'usage des travaux rudes, et par leurs forces musculaires qu'ils savent si généreusement dispenser dans l'intérêt d'autrui.

On devra donc, dans l'intérêt général, comme dans celui de la propriété, favoriser l'alliance des moyens matériels avec les moyens intellectuels et de pratique, pour l'exécution des grands travaux publics : loin de créer des difficultés, il importe infiniment que cette loi s'attache à rendre aisé ce nouveau chemin à la fortune ; il importe également que l'esprit d'association, encore si rebelle chez nous, soit puissamment excité, et il le serait, si l'on voyait de la manière la plus positive, qu'il est exclusivement réservé au pouvoir de féconder cette source intarissable de richesse, et que les entreprises de ce genre ouvrent à tous les travailleurs indistinctement, une carrière facile, honorable et lucrative.

Plus d'autre privilège maintenant à la propriété, que celui de placer des capitaux dans l'opération, et en même temps privilège bien assuré à celui qui viendrait demander d'exécuter des travaux dont il démontrerait l'utilité et les avantages, et qui en donnerait les plans et les devis. — Dans ce cas, la pensée de ces travaux est une invention, et la loi doit en assurer la propriété à son fondateur.

Ce principe n'est pas seulement dicté par

l'équité, il l'est encore par l'intérêt de tous. Otez à l'inventeur ce véhicule, offrez au rabais les conceptions du génie en lui faisant rembourser le montant de ses avances comme le veut la législation actuelle, et *alors les Droits Légitimes du Travail de l'Homme resteront toujours méconnus.*

Les Travaux publics et l'Agriculture offrent seuls l'application immédiate de nos principes de justice et d'équité : leur exécution et la mise en culture de nos terrains infructueux, permettront de répartir sans secousse sur toute la surface de la République, la portion de la population agglomérée dans les villes, qui n'a point de profession déterminée, celle qui fait de tout, et qui crée involontairement une concurrence désastreuse à ses frères les travailleurs, qui ont une profession spéciale, mais aussi qui supportent plus de misère; ces derniers chôment davantage, et, pères de famille, ne peuvent essayer du déplacement.

En France, il y a environ onze millions de familles, sept millions vivent dans les privations et meurent littéralement d'épuisement et de consomption. Il y a aussi environ sept millions d'hectares de terrain encore à mettre en culture ; ces sept millions d'hectares constituent un Travail assuré, puis l'Accession possible à la Propriété, et aussi la Consécration complète de la Famille pour deux millions de ménages probes, ordonnés et laborieux ; — reste donc cinq millions de chefs de famille pour les travaux publics, l'industrie et une meilleure culture des terres déjà en production : *il est aisé d'entrevoir que si la France était régénérée par une seule et bonne Institution Financière et Législative, on verrait graduellement et rapidement la production et la consommation s'équilibrer ; — les besoins impérieux et légitimes de tous étant satisfaits, la Société serait enfin assise sur une base inébranlable.* En dehors de cette institution financière et législative que nous appelons de tous nos vœux, et de son application immédiate, il ne peut y avoir d'Amélioration réelle dans le Sort du Prolétaire, ni de Salut pour la France.

La tâche que nous nous sommes imposés

dans ces quelques pages est terminée, nous avons indiqué le remède au mal qui nous trouble dans notre repos et celui de nos familles. — Toutefois, il nous resterait encore à dire un mot sur l'avenir, dans le cas où nous serions accueillis favorablement, comme aussi dans le cas où nous serions repoussés par la bourgeoisie, qui, égarée et captée par des sophistes impudents et lâches, ne voudrait point céder une ligne de ses privilèges, en accordant son concours à l'amélioration légitime du sort de la classe la plus laborieuse, qui est aussi la plus nombreuse.

Bourgeois, cessez d'entraver par vos luttes incessantes la marche progressive de l'amélioration de notre sort, — à nous, qui chaque jour contribuons par nos produits à la somme de vos jouissance.

C'est votre entêtement à ne pas vouloir reconnaître les Droits Légitimes de notre Travail dans la Production qui entretient le trouble dans les consciences, et le désordre dans les familles.

O vous qui possédez, reconnaissez notre valeur, ne nous assimilez plus à la bête de somme, ayez toujours présent à la pensée que vous n'êtes pas plus sublimes dans votre condition animale que nous, et qu'entre vous et nous il y a trop de points de ressemblance pour qu'il puisse exister le moindre atôme de dissemblance.

Plus de priviléges exclusifs, ils heurtent le droit, ils outragent la justice divine et humaine : moins honneurs et profits à celui-là seul qui se rend honorable et utile à son pays.

Croyez-nous, cessez d'opposer de futiles résistances *à l'affranchissement des produits du travail des peuples, n'imitez point ceux que vous remplacez et qui se refusaient à l'affranchissement des produits de la terre,* — car il n'y a ni crainte, ni subordination pour l'homme à qui le travail ne peut procurer le pain quotidien. — C'est alors que, profitant de nos discordes, vous verriez accourir en masse, pour une troisième fois, mais qui serait la dernière, tous les potentats pour se partager notre territoire et détruire, par leur brigandage, leurs rapines et leurs crimes, jusqu'à notre nationalité ; ils ne laisseraient de Français que le sang qu'ils auraient répandu et qu'ils ne pourraient détacher du sol.

Palpez bien toutes ces conséquences, ne perdez pas de vue que la misère, cette plaie hideuse engendrée par votre mauvais vouloir et vos fautes, couvrira bientôt tout le corps social et pourrait l'étouffer dans d'horribles convulsions......... *Persuadez-vous bien* que le *Travailleur-prolétaire veut jouir désormais du fruit de son travail, et quiconque voudrait à l'avenir lui ravir sa propropriété par l'exploitation*.................. il ne le supportera plus.

Oui, nous voulons devenir riches, — riches en intelligence et en bien-être ; *mais, que l'on ne s'y méprenne pas, c'est par le Travail appliqué à la Production, et non par l'oisiveté et le vol.*

Peuple, ne songeons plus à réclamer nos droits derrière des barricades...... N'oublions pas que chaque pavé que nous soulè-

verions a reçu le sang d'une victime........
.... Les fatales journées de juin, tramées par la réaction et ses lazzaroni, ne doivent jamais s'effacer de notre mémoire...........

....

Nous possédons une arme bien plus terrible que la mitraille et le canon : — c'est le suffrage universel et direct. — Apprenons à nous en servir avec intelligence ; nous nous tromperons ou nous serons trompés une fois, deux fois ; mais la troisième fois nous agirons avec une telle vigueur intelligente, que les hommes qui accepteraient notre mandat ne pourraient plus faillir aux engagements qu'ils auraient contractés par écrit et par serment devant Dieu et devant les Hommes.

L'Heure de l'Émancipation Intellectuelle et Matérielle des Facultés de l'Homme a sonné chez toutes les Nations. — Cimentons entre nous tous une alliance indissoluble, — formons par notre union un cordon sanitaire contre les projets infâmes que formeraient les accapareurs de pouvoir arbitraire, — défendons la République avec le suffrage universel et direct, — brisons toutes les digues qui s'opposeraient à notre volonté suprême, et n'oublions jamais cette devise :

Les Français au monde entier doivent servir d'exemple.

JASPIERRE,

Ancien élève à l'Ecole des Mines.

TYP. ET LITH. DE APPERT FILS ET VAVASSEUR,
PASSAGE DU CAIRE, 54.

www.ingramcontent.com/pod-product-compliance
Lightning Source LLC
LaVergne TN
LVHW010046230826
846091LV00005B/1887
9782011783110